Barbara Haupt

Mein Bruder Joscha

Barbara Haupt

Mein Bruder Joscha

*Illustrationen von
Christa Unzner-Fischer*

Hoch Verlag · Stuttgart-Wien

CIP-Titelaufnahme der Deutschen Bibliothek
Haupt, Barbara:
Mein Bruder Joscha / Barbara Haupt.
– Stuttgart; Wien: Hoch, 1991
ISBN: 3-7779-0478-3

Illustrationen von Christa Unzner-Fischer
Schrift Melior
Satz: Uhl+Massopust, Aalen
Druck und Bindung: Freiburger Graphische Betriebe
© 1991 by Hoch Verlag in Stuttgart und Wien
Printed in Germany. Alle Rechte vorbehalten

Inhalt

Was ich vorher erklären muß.........	7
Die Geschichte von der Badebürste ...	9
Die Geschichte von der Fähnchentorte .	15
Die Geschichte von der lilagrünen Wundermurmel............	26
Die Geschichte vom langen Micha....	32
Die Geschichte von den Kresseschweinchen..........	40
Die Geschichte vom Plätzchenteig....	51
Die Geschichte von Hugos Hütte.....	55
Die Geschichte vom roten Puppenwagen...............	67
Die Geschichte vom Schneehäufchenschubsen................	76
Die Geschichte von der tollen Tussi ...	90
Was ich zum Schluß noch erklären muß...........	102

Was ich vorher erklären muß...

Ich heiße Kati und bin sechs Jahre alt, jedenfalls bald. Meine Eltern heißen Mamutschka und Paputschka. Leider habe ich auch noch einen Bruder. Der heißt Joscha und ist schon acht.
Früher hätte ich nie gesagt, daß ich leider noch einen Bruder habe. Früher wollte ich meinen Bruder Joscha später sogar heiraten. Weil er immer so nett zu mir war. Und auch weil er so schöne lockige Haare hat und so blitzblaue Augen. Aber seitdem er in die Schule geht, ist er ganz anders geworden. Seitdem wird er nämlich jeden Tag schlauer. Und deshalb fällt ihm jeden Tag etwas Neues ein, um mich hereinzulegen.
Und darum habe ich meine Meinung geändert: Den heirate ich später ganz bestimmt nicht! Da nehme ich schon lieber einen mit glatten Haaren. Von mir aus braucht er auch keine blitzblauen Augen zu haben. Hauptsache, er macht mir nicht andauernd das Leben schwer!

Am liebsten würde ich meinen Bruder Joscha einfach verschenken. Vielleicht gibt es Leute, die das Selberkinderkriegen zu umständlich finden und lieber ein fertiges Kind haben wollen, auch wenn es nicht mehr ganz neu ist. Aber wenn die mich dann fragen: »Wie ist er denn so, dein Bruder Joscha?« Dann muß ich ja wohl die Wahrheit sagen. Und wenn ich dann erst anfange, von ihm zu erzählen, dann nimmt den doch im Leben keiner, auch nicht geschenkt! Denn ich könnte einen ganzen Sack voll Geschichten erzählen...

Die Geschichte von der Badebürste

Eines Abends sagte Paputschka zu meinem Bruder Joscha und mir: »Mamutschka und ich gehen auf einen Sprung zu Frau Henneberg hinüber. Und ihr marschiert inzwischen ins Bett, ist das klar?«

»Klaar...«, murmelte mein Bruder Joscha gelangweilt.

»Klaar...«, murmelte ich ihm nach, weil ich nicht einsah, warum er allein antworten sollte. Schließlich hatte Paputschka ja auch mit mir gesprochen. Aber leider sagte er danach noch etwas und diesmal nur zu ihm. Er sagte: »Und sorg dafür, daß Kati sich die Zähne putzt!«

Das war ein großer Fehler. Denn mein Bruder Joscha guckte sofort von oben auf mich herunter und meinte spöttisch: »Ich paß schon auf die Kröte auf!«

Dieser aufgeblasene Gernegroß! »Selber Kröte!« schrie ich wütend. »Ich paß auf mich allein auf, daß du's weißt!«

Und was tat Paputschka, anstatt mir beizustehen? Er puffte meinen Bruder nur lachend in die Seite und war verschwunden.
Nein, ich hab's wirklich nicht leicht, auch mit Paputschka nicht.
Natürlich ließ ich mir das mit der Kröte nicht gefallen! Und darum überlegte ich, wie ich meinen Bruder Joscha dafür ärgern konnte. Und da fiel mir der Handtuchtrick ein. Den hatte mir meine Freundin Diddi beigebracht.
Meine Freundin Diddi hat noch vier Geschwister, zwei über ihr und zwei unter ihr. Die kennt sich aus. Die weiß, wie man andere ärgert. Und der Handtuchtrick wäre mächtig ärgerlich, sagt sie.
Er geht so: Man packt das Handtuch fest an einem Zipfel, zielt auf den nackten Po von jemand und schleudert es mit aller Kraft nach vorn! Der Trick dabei ist, daß man es blitzschnell wieder zurückreißen muß! Denn dann knallt der Zipfel vom anderen Handtuchende dem Jemand hintendrauf! Das zwickt ganz schön! Und wenn der Jemand sich dann um-

dreht, tut man schnell so, als ob man sich in aller Ruhe abtrocknet. Man kann dabei auch vor sich hin summen. So was ärgert ihn dann noch mehr, sagt meine Freundin Diddi. Das hatte er jetzt davon, mein Bruder Joscha! Dieser Angeber!
Er schubste mich ins Badezimmer und kommandierte: »Los, zieh dich aus und wasch dich, aber dalli!«
»Ja doch, Joschi...«, habe ich geflötet und ein scheinheiliges Gesicht gemacht. Das scheinheilige Gesicht gehört nämlich mit zu dem Handtuchtrick. Und danach habe ich gewartet und gewartet. Und mir dabei die Ohren gewaschen und sogar den Hals. Und vor lauter Verzweiflung, weil er so mit dem Ausziehen trödelte, auch noch die Füße. Bis er endlich nackig am Waschbecken stand und sich die Zähne putzte. Jetzt! dachte ich. Jetzt mußt du es tun! Ich packte mein Handtuch, schleuderte es nach vorn und riß es blitzschnell wieder zurück. Getroffen! Der Zipfel des anderen Handtuchendes knallte ihm genau hintendrauf! Ich summte

schnell vor mich hin und tat so, als ob ich mich ganz gemütlich abtrocknete.
Mein Bruder Joscha hob langsam den Kopf, sah mich im Spiegel drohend an und zischelte zwischen seinen Zahnpastazähnen hindurch: »Mach das nicht noch einmal, du...«
Hach! dachte ich triumphierend. Wie schön der sich schon ärgert! Und als er den Kopf wieder übers Waschbecken beugte, zielte ich nochmal. Und traf auch jetzt!
Diesmal sagte mein Bruder Joscha nichts. Er guckte noch nicht einmal in den Spiegel. »Dem fällt vor lauter Ärger nichts mehr ein«, dachte ich vergnügt. Denn er spülte nur schweigend seinen Mund aus, stellte die Zahnbürste in den Becher und rieb sich lange und umständlich das Gesicht trocken. Ich wollte mein Handtuch gerade zum dritten Mal schleudern. Aber da fuhr er wie der Blitz herum, riß die Badebürste vom Haken, packte mich beim Nacken und klemmte mich unter seinen Arm. Und dann hat er mit der eklig harten Bürste meinen Po geschrubbt! Immerzu und immerzu! Ich habe gebrüllt wie am

Spieß. Und zum Schluß hat er in mein Gebrüll hineingeschrien: »Sag: Ich will es auch nie wieder tun, lieber Joscha! Los, sag es schon!«
Nie im Leben wollte ich das sagen. Lieber wollte ich mir die Zunge abbeißen. Aber schließlich sagte ich es doch, damit er bloß endlich mit dem Schrubben aufhörte!
Und dann habe ich mich mit meinem heißen Po japsend und bibbernd auf den kalten Badewannenrand gesetzt. Und wenn ich da vor lauter Wut geplatzt wäre, hätte das meinen Bruder Joscha kein bißchen gekümmert. Der hat sich vor den Spiegel gestellt und seine blonden Locken gebürstet. Und dann hat er sich lässig seinen Schlafanzug über die Schulter geworfen und ist stolz wie ein Gockel aus dem Badezimmer marschiert.

Die Geschichte von der Fähnchentorte

Neulich kam Omama zu uns zu Besuch, weil sie Geburtstag hatte. Eigentlich geht man ja zu Leuten hin, die Geburtstag haben, finde ich. Aber Mamutschka und Paputschka meinten, Omama sollte sich jetzt nicht mehr so viel Arbeit machen mit Kuchenbacken und Kaffeekochen.
»Und darum wollten wir sie diesmal zu uns einladen«, erklärten sie.
»Ihr wolltet das vielleicht, ich aber nicht!« widersprach ich heftig.
»Weil du ein Herz aus Stein hast!« sagte mein Bruder Joscha abfällig.
»Mein Herz ist überhaupt nicht aus Stein!« rief ich. »Deins aber! Wer hat denn gestern dem Bettler seinen Kaugummi geschenkt? Du vielleicht? Natürlich nicht! Du hast gesagt: Das ist mein letzter, den kau ich selbst. Ja! Ich hab' ihm aber meinen geschenkt, obwohl es auch mein letzter war!«

Ich kam ganz aus der Puste vor lauter Empörung. »Überhaupt mag ich Omama viel mehr als ihr alle zusammen! Ich wäre ja nur viel lieber zu ihr hingefahren, darum!«

Denn das stimmte. Ich bin schrecklich gern bei meiner Omama. Es ist immer so gemütlich bei ihr. Und es steht so viel Krimskrams herum. Und alles darf ich anfassen und auch dran riechen. Ich rieche immer an allen möglichen Sachen. Omama sagt dann jedesmal: »Die Kati hat eine bessere Nase als unser Dackel Lumpi früher.«

»Und außerdem versteht ihr mich alle nie!« rief ich weiter. »Das sagt Omama auch! Und du verstehst mich am allerwenigsten!« Ich holte aus, um meinen Bruder Joscha vors Schienbein zu treten. Doch Paputschka packte mich energisch am Kragen und schimpfte: »Heute wird mal ausnahmsweise nicht gezankt! Heute ist Omamas Geburtstag, haben wir uns verstanden?«

»Na loogisch...«, sagte mein Bruder Joscha gelassen und glubschte mich dabei an wie ein Frosch, der einer Fliege auflauert.

Und danach fuhren Mamutschka und Paputschka los, um Omama vom Bahnhof abzuholen. Ich bürstete in der Zwischenzeit meinen neuen Stofflöwen. Den wollte ich Omama nachher zeigen.

Mein Bruder Joscha langweilte sich wohl, denn er schlich dauernd um mich herum und guckte mir zu. Und auf einmal fragte er: »Ist das wahr, daß du Omama viel lieber magst als wir alle zusammen?«

»Natürlich ist das wahr!« wiederholte ich. »Ich hab's doch vorhin gesagt, oder hast du Watte in den Ohren?«

»Nö...«, murmelte er. Und dann meinte er: »Wenn du sie wirklich so gern magst, solltest du ihr heute an ihrem Geburtstag auch eine besondere Freude machen.«

»Mach ich ja auch«, sagte ich. »Ich hab' ihr doch das Bild mit dem Apfelbaum gemalt.«

»Ein Bild ist nichts Besonderes«, behauptete er.

»Nein?« fragte ich unsicher. »Ich weiß aber nichts anderes.«

»Ich aber«, flüsterte er. Warum er so flüsterte,

wußte ich nicht. Außer uns war doch niemand in der Wohnung.
Mein Bruder Joscha flüsterte weiter: »Mamutschka hat doch für Omama die große Sahnetorte gebacken, nicht?«
»Ja und?« fragte ich.
»Die könntest du vielleicht mit den bunten Fähnchen schmücken, die Mamutschka und Paputschka im letzten Urlaub gesammelt haben. Du weißt doch, die aus der Vitrine.« Ich nickte. »Omama würde platt sein vor Überraschung, wetten?«
Ich war jetzt schon platt, weil mein Bruder Joscha immer so prima Ideen hatte, die mir nie einfallen würden.
»Ja, das tu ich!« sagte ich begeistert. »Aber du mußt mir etwas versprechen«, fügte ich hinzu, nur vorsichtshalber, »ich darf die Fähnchen ganz allein in die Torte stecken!«
»Das sollst du ja auch, Kati«, versprach er, »es soll ja dein Geschenk für Omama werden und nicht meins. Ich helfe dir nur ein bißchen, damit es schneller geht. Aber ich mache nur die

Löcher, und du suchst die Fähnchen aus und steckst sie ganz allein hinein. Einverstanden?«
»Gut«, sagte ich. »Du wirst aber niemandem verraten, daß du mir ein bißchen geholfen hast! Ehrenwort?«
»Großes Ehrenwort!« schwor er und hob drei Finger in die Luft. Ich hob auch drei Finger in die Luft. Und dann wurde ich schrecklich aufgeregt. Mein Bruder Joscha auch, denn er sauste schon wie ein Wiesel in die Küche. Aber ich mußte ja erst die Fähnchen holen!
Also rannte ich über den Flur ins Wohnzimmer. Doch die Glastür der Vitrine klemmte oder sonstwas. Jedenfalls hatte ich große Mühe, sie aufzuschieben. Ich schwitzte schon vor Ungeduld! Bis ich es endlich geschafft hatte. Ich schnappte mir das Glas mit den Fähnchen und lief in die Küche. Auf dem Tisch stand Omamas Geburtstagstorte. Ich starrte sie an und war vor Schreck wie gelähmt. Denn was tat mein Bruder Joscha da? Er bohrte mit seinem dicken, langen Zeigefinger doch wahrhaftig ein Loch nach dem anderen in den Sahneteig! Und nach jedem

Loch schleckte er seinen Finger schmatzend ab und bohrte ein neues!
»Was fällt dir ein, Omamas schöne Torte zu versauen!« rief ich entsetzt.
Daraufhin bohrte er gemächlich das letzte Loch und antwortete triumphierend: »Wieso denn? Wir haben doch vereinbart, daß ich die Löcher mache und du die Fähnchen hineinsteckst, oder?«
»Ja, aber nicht, daß du so dicke Löcher machst und mit deinem ekligen Finger die halbe Torte verputzt!«
»Es hat aber gut geschmeckt«, sagte er grinsend.
»Und wie sieht das jetzt aus?« brüllte ich. »Guck mal, guck doch mal...!« Natürlich fielen die Fahnenstäbchen in den dicken Löchern sofort nach unten, und die Fähnchen klebten auf dem Sahneteig. »Es sieht scheußlich aus! Es sieht völlig blöd aus! Was glaubst du, was Mamutschka mit uns macht, wenn sie nach Hause kommt!«
Mein Bruder Joscha glubschte mich schon wieder so lauernd an wie ein Frosch und sagte dro-

hend: »Kann sein, daß sie mit dir etwas macht, aber nicht mit mir! Wir haben ja vorhin mit dem großen Ehrenwort geschworen, daß ich nichts mit der Torte zu tun habe. Wehe, du hältst dich nicht daran...«

Es war ihm also wieder einmal gelungen, mich hereinzulegen! Schlau wie ein Fuchs hatte er das angefangen, mein hinterlistiger Bruder!

Jetzt saß ich da, mit Omamas vermurkster Geburtstagstorte! Und weil mir nichts anderes einfiel, ließ ich auch noch die anderen Fähnchen in die Bohrlöcher fallen. Und mit jedem Fähnchen fiel auch mein Herz ein Stück tiefer. Was würde Mamutschka nachher bloß sagen?

Mein Bruder Joscha hockte auf der Küchenbank und knüpfte Knoten in die Tischdeckenzipfel.

»Laß das sein!« schnauzte ich. »Überleg dir lieber, was ich jetzt mit der blöden Torte machen soll! Wenn du mich schon andauernd reinlegst, kannst du mir auch einmal wieder raushelfen!«

Er hörte mit dem Knotenknüpfen auf und kaute an seinem Daumennagel. »Ich weiß nicht wie,

Kati. Wirklich nicht...«, brabbelte er. Und da fiel mir auf, wie kleinlaut er auf einmal war. Der hatte wohl plötzlich ein mächtig schlechtes Gewissen! Aber leider konnte ich mich nicht länger darüber freuen, denn in diesem Augenblick erschien Omama in der Küche und hinter ihr Mamutschka und Paputschka.

Omama hatte die Torte sofort entdeckt. Sie schlug die Hände über dem Kopf zusammen und rief: »Was ist denn das?«

Ich schluckte ein paarmal an dem, was in meinem Hals steckte und stotterte: »Es... sollte eigentlich... eine Überraschungstorte für dich sein...«

»Was heißt eigentlich?« fragte sie verwundert. »Du hast sie doch nicht inzwischen verkauft?«

»Nein... das nicht«, stotterte ich weiter und kniff die Lippen zusammen.

»Na, dann ist ja alles in Ordnung«, sagte sie fröhlich. »Denn das ist eine wunderschöne Überraschungstorte!«

Sie drehte sich zu Mamutschka und Paputschka herum und fragte: »Das findet ihr doch auch,

nicht wahr?« Doch die beiden sahen sich nur verstohlen an und schwiegen. Und darum wiederholte Omama streng: »Ich sagte: Das findet ihr doch auch, nicht wahr?«
»Doch, doch, natürlich!« antwortete Mamutschka. »Sie ist wirklich sehr schön!« »Und so überraschend hübsch durchlöchert...« sagte Paputschka und schielte mich von der Seite an. Und danach nahm er die Fähnchentorte und trug sie ins Wohnzimmer auf den Kaffeetisch.
Mein Bruder Joscha starrte ihm nach. Dann riß er mit den Zähnen die letzte Ecke seines Daumennagels ab, spuckte ihn auf den Boden und rannte aus der Küche.
»Was ist denn mit dem los?« fragte Mamutschka kopfschüttelnd.
»Nix!« erklärte ich vergnügt. »Nur, daß ihn so arg der Bauch kneift. Seit er heute mittag das Gulasch gegessen hat, meint er.«
»Das ist ja seltsam«, murmelte Mamutschka nachdenklich. »Schade, ausgerechnet heute, an Omamas Geburtstag! Ich werde ihm rasch einen Kümmeltee kochen.«

»Au ja!« sagte ich begeistert. »Und er soll trockene Zwiebäcke essen! Ganz viele...«

Die Geschichte von der lilagrünen Wundermurmel

Einmal fand ich im Kuhstall von Bauer Spennes eine lilagrüne Glasmurmel. Es war eine richtige Wundermurmel! Denn wenn man das eine Auge zukniff und mit dem anderen hindurchsah, erschien die Welt plötzlich ganz in Lila: die Menschen, die Bäume, die Hunde und sogar der Himmel. Alles. Und wenn man die Murmel ein bißchen drehte, war plötzlich alles grün.
Ich hatte keine Ahnung, wie sie in den Kuhstall von Bauer Spennes gekommen war. Jedenfalls lag sie da, im Stroh, neben dem Futtereimer. Und jedenfalls war ich es, die sie gefunden hatte. Und darum gehörte sie mir. Dachte ich. Aber mein habgieriger Bruder Joscha dachte darüber anders.
»Geschwistern gehört immer alles gemeinsam«, behauptete er.
»So?« fragte ich. »Und was ist mit deinem Polizeischiff und der Eisenbahn?«

Darauf antwortete er: »Geschwistern gehört alles gemeinsam, außer Polizeischiffen und Eisenbahnen!«

»... und Wundermurmeln!« fügte ich hinzu, denn schlau sein kann ich auch.

Ich steckte meine lilagrüne Murmel tief in die Hosentasche und sagte: »Hier ist sie, und hier bleibt sie auch!«

Das paßte ihm gar nicht. Er schmetterte seinen Fußball gegen das Garagentor und lief weg.

Später am Nachmittag kam er wieder zurück, mit seinem Freund Moritz. Ich war gerade dabei, meine Indianerhöhle im Garten zu reparieren. Zweimal hatte ich mir mit dem Hammer schon auf den Daumen gehauen.

Die beiden mußten sich wohl ziemlich gestritten haben, denn ich hörte, wie Moritz sagte: »Wenn du meine Schwester noch einmal dicke, fette Tusnelda nennst, kannst du was erleben!«

»Und wenn du noch einmal so angibst, sage ich noch ganz andere Sachen zu ihr!« antwortete mein Bruder Joscha zornig.

Au weia! dachte ich. Die haben aber einen

Krach miteinander! Dabei waren sie doch sonst so dicke Freunde. »Warum zankt ihr euch denn so?« fragte ich neugierig. Mein Bruder Joscha schnaufte wie eine Dampflokomotive.
»Weil dieser Depp behauptet, seine dicke, fette Tusnelda könnte besser turnen als du!« fauchte er.
»Kann sie auch!« fauchte Moritz zurück und guckte mich an, als ob er mich erdolchen wollte.
»Großmaul!« brüllte mein Bruder Joscha, drehte sich um und rannte zu unserem Apfelbaum. »Kann sie da oben an dem dicken Ast vielleicht eine Knierolle machen und freihändig abspringen, ja? Kann sie das? Ja oder nein?«
»Nee, kann sie nicht!« schrie Moritz. »Und deine Schwester kann es auch nicht! Diese magere Hippe!«
So eine Frechheit! Der wußte wohl nicht, daß die Knierolle an unserem Apfelbaum mein bestes Kunststück war! Und magere Hippe nannte er mich auch noch!
»Komm, zeig es ihm, Kati! Komm!« rief mein Bruder Joscha. »Der wird sich wundern!«

O ja, das sollte er! Ich ließ meinen Hammer fallen und lief zu ihm hinüber. Moritz kam mit verschränkten Armen spöttisch grinsend hinterher. Na warte! dachte ich. Mein Bruder Joscha schob die Hände schon zu einer Stufe zusammen, und ich stieg schnell hinein. Dann zog ich mich an dem dicken Ast hoch, setzte mich und ließ mich – mit dem Ast in den Kniekehlen – nach unten hängen.

Die Welt sieht komisch aus, wenn man kopfunter in einem Apfelbaum hängt. Es kam mir sogar vor, als ob der Moritz – so kopfunter betrachtet – noch spöttischer grinste als kopfüber. Aber das Grinsen würde ihm schon bald vergehen!

Jetzt kam es auf den Schwung an. Ich streckte die Arme lang aus, holte tief Luft und... da passierte es: In meiner Hosentasche machte es Rutsch! Auf der Wiese machte es Plumps! Und meine lilagrüne Wundermurmel lag unter mir im Gras.

Im selben Augenblick sprang mein Bruder Joscha mit einem Satz nach vorn, riß sie an sich

und schrie grell und triumphierend: »Unser Plan hat geklappt, Moritz! Ich hab' sie! Ich hab' sie! Ich haa... b' sie!«

Ich habe mal irgendwo gehört, einer Frau Sowieso wären die Stimmbänder gerissen, als sie so grell schrie. Und danach hätte sie monatelang nicht mehr sprechen können. – Ich dachte, vielleicht reißen meinem Bruder Joscha jetzt auch die Stimmbänder! Aber leider ging mein Wunsch nicht in Erfüllung.

Auf jeden Fall hätte ich vor Wut auf diesen hinterlistigen Ganoven ein Stinktier fressen können! Statt dessen fing ich an zu heulen. Und weil ich immer noch kopfunter in unserem Apfelbaum baumelte, liefen mir die Tränen in die Haare.

Um meine kleine lilagrüne Wundermurmel machte ich mir allerdings die wenigsten Sorgen. Die würde ich ihm eines Tages sowieso wieder klauen. Denn zum Glück ist mein Bruder Joscha so schön unordentlich. Und einmal würde er sie schon irgendwo herumliegen lassen. Ich konnte warten...

Die Geschichte vom langen Micha

Einmal fragte ich beim Abendessen: »Woran erkennt man eigentlich, ob man verliebt ist?«
Darüber wollte mein Bruder Joscha sich totlachen, obwohl ich nicht wußte, was es da zu lachen gab. Mamutschka fragte erstaunt: »Wozu willst du das denn wissen, Kati?«
Ich sagte: »Es ist doch egal, wozu. Also, woran erkennt man es?«
»Tjaa...«, antwortete Mamutschka und steckte sich nachdenklich ein Stück Wurst in den Mund. Darum guckte ich Paputschka an. Aber der antwortete auch nur: »Tjaa...«, trank aus seinem Weinglas und tat so, als ob er auf dem Wein herumkauen müßte.
Da fragte ich mich wirklich, wieso man bloß immer behauptet, daß Erwachsene so klug sind. Jedenfalls kamen die beiden mir diesmal nicht besonders klug vor. Die waren nämlich dauernd ineinander verliebt! Warum küßten sie sich auch sonst so oft? Erst neulich im Keller wieder,

als Paputschka der Mamutschka das neue Regal zeigen wollte. Da hatten sie sich sogar ziemlich lange geküßt, da unten. Das weiß ich deshalb, weil ich ihnen nachgeschlichen war und mich hinter der Kartoffelkiste versteckt hatte. Und ausgerechnet die konnten mir nicht erklären, woran man erkennt, ob man verliebt ist! Die konnten nur Tjaa... sagen.
Da war mein Bruder Joscha aber klüger. Der geht ja auch schon so lange zur Schule. Er erklärte: »Wenn man in jemanden verliebt ist, dann kribbelt es überall in einem.«
»Auch im Bauch?« fragte ich gespannt.
»Im Bauch ganz besonders!« behauptete er.
Ich wurde richtig zappelig vor Aufregung.
»Weißt du das auch ganz bestimmt?«
»Natürlich!« antwortete er. »Der Moritz hat es mir erzählt. Und der weiß es von seiner großen Schwester. Die ist nämlich schon vierzehn!«
Ja, dann mußte es wohl stimmen, wenn die Schwester, die schon vierzehn war, das sagte.
Ich schob meinen Teller zur Seite, denn plötzlich war ich unsagbar glücklich! Und mit so viel

Glück in mir konnte ich unmöglich noch etwas essen.
»Was ist denn, Kati?« fragten Mamutschka und Paputschka neugierig.
Ich sah sie nacheinander an. Und dann sah ich zwischen ihnen hindurch auf das Blumenbild über unserem Sofa und flüsterte: »Ich bin in den langen Micha verliebt...«
Ich hatte es so feierlich geflüstert und mit so viel Gefühl! Aber leider mußte mein Bruder Joscha diese schöne feierliche und gefühlvolle Stimmung wieder einmal gründlich verpatzen!
»Meine kleine Schwester Kati ist in den großen langen Micha verliebt! Ich glaub', mich kneift ein Känguruh!« rief er glucksend und verschluckte sich dabei mächtig an seinem Bratapfel. Er hustete und prustete, und sein Kopf schwoll an wie ein roter Luftballon.
Gleich wird er platzen! dachte ich hoffnungsvoll. Dann bin ich meinen Bruder endlich los! Aber nachdem Mamutschka ihm ein paarmal den Rücken geklopft hatte, hörte er mit dem

Husten und Prusten auf, und sein Kopf sah auch wieder normal aus. Schade!
Ich sprang auf und lief in mein Zimmer. Ich wollte an den langen Micha denken. Ich wollte mit meinen Gedanken an ihn allein sein.
Der lange Micha ist unser Briefträger. Er ist ein richtiger Mann! Ganz anders als mein Bruder Joscha und sein Freund Moritz, diese aufgeplusterten Gockel! Nein, der lange Micha ist unglaublich nett und kein bißchen aufgeplustert. Darum rede ich auch so gern mit ihm, sogar über Fußball. Ich verstehe nämlich viel vom Fußball. Das glaubt mir sonst nur keiner. Nur, weil ich ein Mädchen bin. Der lange Micha glaubt es mir aber.
Jeden Morgen um zehn warte ich auf ihn. Und wenn er dann zu unserem Haus kommt, setzen wir uns auf die Gartenmauer und erzählen uns etwas. Der lange Micha erzählt mir oft von seiner Orgel, denn Orgelspielen ist sein Lieblingshobby. Oder er erzählt von komischen Leuten. Und ich erzähle ihm alles, was mir gerade einfällt.

Nur schade, daß er nie viel Zeit hat. Er muß doch immer so viele Briefe austragen. Aber dafür kommt er ja jeden Tag wieder. Und jeden Tag ein bißchen miteinander reden, ist auch schön. Eigentlich noch schöner, als einmal lange reden und dann lange nicht mehr.

Aber nachdem ich wußte, daß ich in ihn verliebt war, hatte ich am nächsten Morgen plötzlich schreckliches Herzklopfen. Wenn er mir nun etwas anmerkt, dachte ich. Was dann? Es war erst Viertel vor zehn, und ich zitterte jetzt schon. Und deshalb versteckte ich mich diesmal lieber hinter der Hecke, anstatt mich auf die Mauer zu setzen. Von der Hecke aus konnte ich ihn ja immer noch rufen... wenn ich mutig war. Aber dann rief nicht ich ihn, sondern mein Bruder Joscha. Er rief: »Willst du den neuesten Witz hören, Micha? Meine Schwester Kati ist in dich verliebt! Hahaha...!«

Nein, dachte ich. Wenn ich doch bloß ein Vogel wäre und jetzt davonfliegen könnte! Bis in die Wolken hinein! Ich hielt mir die Ohren zu und steckte den Kopf in die Hecke.

Ich weiß nicht, was der lange Micha meinem Bruder Joscha geantwortet hat. Aber plötzlich packte er mich von hinten und hob mich hoch, mit seinen langen, starken Armen. Ganz behutsam. Und dann sagte er fröhlich: »Ich bin doch auch in dich verliebt, Kati!«
»Ist das wirklich wahr?« fragte ich ungläubig und sah ihm in die schwarzen Augen. Der lange Micha hat so schwarze Augen wie ein Indianer.
»Ja, es ist wirklich wahr!« beteuerte er.
»Dann kribbelt es dich also auch überall? Auch im Bauch?«
»Im Bauch ganz besonders!« sagte er, obwohl er ziemlich wenig Bauch hat. Aber ob viel Bauch oder wenig, darauf kommt es sicher nicht an.
Jetzt wollte ich kein Vogel mehr sein und davonfliegen. Ich kletterte dem langen Micha schnell auf die Schultern und sah mich um.
Mein Bruder Joscha hockte im Sandkasten und schielte zu uns herüber. Da machte ich mich oben auf den Schultern ganz groß und rief auf

die jämmerliche Sandkastenfigur hinunter: »Er liebt mich nämlich auch! Ja! Und wer liebt dich...?«

Die Geschichte von den Kresseschweinchen

Ich mag Pflanzen gern. Darum habe ich auch ein eigenes Beet im Garten. Es ist nicht besonders groß, aber dort wächst alles, was ich schön finde: Schneeglöckchen, Tulpen, Gänseblümchen, Rittersporn, Glockenblumen, Radieschen und ein Tomatenbäumchen. Ich spreche auch immer mit meinen Pflanzen. Aber nur, wenn niemand dabei ist, vor allem mein Bruder Joscha nicht. Der glaubt nämlich, daß ich spinne, wenn ich meinen Radieschen oder Gänseblümchen etwas erzähle. Bauer Spennes glaubt das nicht. Er meint, ich hätte grüne Finger. Das sagt man von jemand, der gut mit Pflanzen umgehen kann und bei dem alles wächst und blüht. Darum war ich auch so neugierig, als mein Bruder Joscha eines Tages mit einem kleinen Tonschweinchen aus der Schule nach Hause kam. Oben auf dem Rücken war es offen, und in seinem Bauch steckte Erde.

»Was ist denn das?« fragte ich.
»Ein Kresseschweinchen«, erklärte er mir stolz. »In der Erde sind jetzt Samen, die haben wir heute in der Schule hineingesät. Jetzt muß man sie immer schön begießen, und nach einer Woche oder so ist die Kresse gewachsen. Dann schneidet man sie ab und streut sie auf ein Quarkbrot. Das schmeckt super würzig!«
Ich war auch super begeistert!
»Kannst du in deiner Schule nicht mal fragen, ob sie noch so ein Schweinchen für mich übrig haben?«
»Nein«, sagte er. »Unser Lehrer hatte genau fünfundzwanzig Stück. Das sind gerade so viele, wie wir in der Klasse sind. Da ist keins mehr übrig!«
Ich überlegte mir, daß ein Tonschweinchen wahrscheinlich nicht so wichtig war. Bestimmt würde die Kresse auch in einem Blumentopf wachsen, und Blumentöpfe hatte ich genug.
»Aber Samen wird dein Lehrer doch noch übrig haben«, sagte ich. »Samen kann man nicht so genau abzählen.«

»Samen hat er auch keine mehr!« behauptete mein Bruder Joscha, und da merkte ich, daß er nicht wollte! Er wollte einfach nicht, daß ich auch Kressesamen großzog.
Ich wollte es aber! Und darum sagte ich drohend: »Wenn du mir morgen keine mitbringst, erzähle ich Bauer Spennes, wer der Bertha neulich die Fratze auf den Hintern gemalt hat!« Denn daß er das gewesen war, wußte ich.
Bertha ist die dicke Sau von Bauer Spennes. Und neulich, als sie auf der Wiese gerade gemütlich ihre Kartoffeln futterte, hatte mein Bruder Joscha ihr mit einem Kohlestift heimlich die Fratze hintendrauf gemalt. Bauer Spennes war darüber sehr ärgerlich gewesen. Er kann es nicht leiden, wenn man mit Tieren Unfug treibt.
Daß ich es nicht getan hatte, glaubte er, weil ich so etwas auch nicht leiden kann. Er fragte mich aber, ob ich denn nicht wüßte, wer es getan hatte. Da habe ich ein bißchen geflunkert und gesagt, vielleicht wären es die affigen Kinder aus der Jahnstraße gewesen. Die hätten nämlich stundenlang am Zaun gestanden und der Bertha

beim Kartoffelfuttern zugeguckt. Daß sie am Zaun gestanden hatten, stimmte auch. Aber stundenlang war das nicht, nur einen Augenblick. Und getan hatte es dann hinterher mein Bruder Joscha. Und als er jetzt hörte, daß ich das mit der Bertha wußte, saß er dick in der Klemme! Und darum guckte er mich giftig an und brummelte: »Ich kann ja morgen mal fragen, ob noch Samen da sind...«
»Na also!« dachte ich.
Und tatsächlich, als er am nächsten Tag aus der Schule kam, drückte er mir eine kleine Tüte in die Hand und sagte patzig: »Da! Du Zicke!« Aber das war mir im Augenblick egal. Hauptsache, ich konnte jetzt auch säen.
Im Schuppen fand ich einen passenden Blumentopf. Den füllte ich mit Erde, drückte meine Kressesamen vorsichtig hinein und begoß sie. Dann stellte ich den Topf in meinem Zimmer auf die Fensterbank. Da war es von unten schön warm und von oben schön hell. Das mochten sie bestimmt gern, meine kleinen Samen, dachte ich.

Trotzdem waren sie ziemlich faul, obwohl ich ihnen jeden Morgen »Guten Morgen« und jeden Abend »Gute Nacht« sagte und auch tagsüber oft mit ihnen sprach. Aber sie trödelten einfach, während die von meinem Bruder Joscha viel fleißiger wuchsen. Nach drei Tagen war die Erde in seinem Schweinchen schon mit einem dichten grünen Teppich bedeckt. Und meine Samen lugten nur mit dünnen Spitzen heraus.

»Kresse wächst eben unterschiedlich schnell«, erklärte er mir. »Aber deine wird schon noch aufholen.«

Und das stimmte auch. Zwei Tage später war sie plötzlich drei Zentimeter hoch.

»Aber warum sieht sie ganz anders aus als deine?« fragte ich. »Deine ist oben kraus, und meine ist glatt und spitz...«

»Du liebe Güte!« stöhnte mein Bruder Joscha. »Es wird höchste Zeit, daß du bald in die Schule kommst und etwas lernst! Hast du noch nie von krauser und glatter Petersilie gehört?«

Ich nickte. Doch, davon hatte ich schon oft gehört. »Also gibt es auch krause und glatte Kresse!« belehrte er mich. »Ist doch logisch, oder? Und es ist völlig egal, welche man hat. Schmecken tun sie beide gleich.«

Nun gut, wenn meine genauso gut schmeckte wie seine, sollte es mir auch egal sein, welche ich hatte. Es ärgerte mich nur, daß er wieder einmal den Piefchen Schlaukopf herauskehren mußte.

Und dann kam der Tag, an dem es endlich soweit war. Abends verkündete mein Bruder Joscha: »Gleich beim Essen können wir ernten!« Wir stellten beide unsere Kresse auf den Abendbrottisch, er sein Schweinchen und ich meinen Topf.

»Was habt ihr denn da?« fragte Paputschka.

»Wir haben Kresse gezogen«, antwortete ich stolz. »Er hat krause und ich glatte. Sie schmeckt super würzig! Wollt ihr mal probieren?«

»Aber nicht von meiner!« sagte mein Bruder Joscha sofort. »Meine reicht gerade für ein Brot, mehr nicht!«

»Eßt sie ruhig allein, ihr beiden«, meinte Mamutschka. »Wer gesät hat, darf auch ernten.« Also schmierten wir uns jeder ein Quarkbrot, schnitten unsere Kräuter ab und streuten sie schön dick darüber. »Hm... lecker!« murmelte mein Bruder Joscha und schmatzte schon.
Ich biß auch schnell in mein Brot und schmatzte. Aber dann kaute ich und kaute. Und je länger ich kaute, desto bitterer wurde der Geschmack in meinem Mund. Bis ich mir schließlich die Nase zuhielt und den ganzen Brei auf einen Rutsch herunterwürgte. »Miau! Miau! Miauuu...!« schrie mein Bruder Joscha und lachte wie verrückt.
Zuerst dachte ich: Der hat sich nachmittags im Freibad einen Sonnenstich eingefangen. Doch dann fiel mir auf, wie schadenfroh sein Lachen und dieses Miaugeschrei klangen. Und da wußte ich, daß ich ihm wieder mal in die Falle getappt war.
Ich sah ihm in die Augen, ohne eine Miene zu verziehen. Ohne ein Wort zu sagen. Ich sah ihn nur an. So lange, bis er mucksmäuschenstill

wurde und sich den Rest seiner Kresse schweigend in den Mund stopfte. Ich hoffte, daß sie ihm postwendend wieder hochkommen würde. Aber leider blieb sie unten.
Am nächsten Morgen lief ich mit meinem Kresseoderwasweißichwastopf zu Bauer Spennes.
»Nun, Kati«, fragte er, »hast du wieder etwas gesät?« »Ja«, murmelte ich, »Kresse, glatte.« Und dabei kraulte ich Hugo, den Hofhund, hinter den Ohren, damit ich Bauer Spennes nicht ansehen mußte. Bauer Spennes zupfte ein Stengelchen aus meinem Topf und roch daran. »So, so, Kresse sagst du... glatte? Woher hast du denn die Samen?«
Aber ich gab ihm keine Antwort. Und Bauer Spennes fragte nicht noch einmal. Er packte mich an der Hand und ging mit mir in die Scheune. Und dort stellte er meinen Topf auf den Boden und sagte: »Das hier ist Katzengras, Kati. Es wird unserer Musch besser schmecken als dir.« Ich machte eine Faust und steckte sie in die Tasche. Und ich biß mir so fest auf die Unterlippe, daß sie beinahe geblutet hätte...

Aber dann nahm Bauer Spennes mich mit in die Küche, holte ein großes, buntbemaltes Schweinchen aus dem Schrank und stellte es vor mich auf den Tisch. Es hatte den Rücken genauso offen wie das Tonschweinchen meines Bruders. Aber es war viel größer und viel hübscher, weil es so schön bemalt war. Und danach zog er noch eine Tüte aus der Schublade und sagte: »Hier sind die Samen, Kati, aber diesmal die richtigen! Und wenn es soweit ist, kannst du ein richtiges Kressefest geben, so viel wird in deinem Schweinchen wachsen! Du wirst schon sehen...« Und ich sah es auch. Nach einer Woche war mein buntes Schweinchen dicht und kraus und grün bewachsen! Ich hatte es die ganze Zeit hinter der Gardine versteckt, damit Joscha es nicht entdeckte.

Und als ich endlich ernten konnte, schleppte ich es abends auf den Eßtisch, legte die Schere daneben und sagte zu Mamutschka und Paputschka: »Ich lade euch heute zu einem Kressefest ein! Ihr dürft euch jeder soviel abschneiden wie ihr wollt!«

Die waren vielleicht platt, daß ich so viel Kresse gezogen hatte! Aber wie platt mein Bruder Joscha erst war, das sah ein Blinder!
»Da bekommt man ja riesig Appetit!« meinten Mamutschka und Paputschka bewundernd und schmierten sich jeder eilig ein dickes Quarkbrot.
Mein Bruder Joscha schmierte sich auch eilig eins. Aber das kümmerte mich nicht im geringsten. Für mich war er an diesem Abend Luft! Und sein Brot erst recht.
Es wurde ein richtiges Schlemmerfest. Dreimal oder noch öfter fragten Mamutschka und Paputschka: »Dürfen wir uns noch ein Sträußchen abschneiden, Kati?« Natürlich durften sie, ich hatte sie doch eingeladen!
Und weil es uns dreien so gut schmeckte und wir so fröhlich waren und nur mein Bruder Joscha so trübsinnig und erst die Hälfte seines nackten Quarkbrotes gemümmelt hatte, schubste ich ihm schließlich die Schere rüber und sagte: »Da! Du Zicker! Kannst dir auch etwas abschneiden...!«

Die Geschichte vom Plätzchenteig

Mein Bruder Joscha und ich essen furchtbar gern Plätzchenteig. Er ist so schön süß, und man kann ihn so gut mit der Zunge zerquetschen. Und dann durch die Zähne pressen. Und wenn man ihn danach herunterschluckt, hat man noch lange den feinen Geschmack im Mund.
Leider erlaubt Mamutschka uns nur selten, daß wir Teig essen. Und wenn, dann gibt sie uns nur ein winziges Stück. Sie glaubt, man kriegt Bauchweh davon. Mein Bruder Joscha und ich glauben das nicht. Aber manchmal ist Mamutschka eben furchtbar stur.
Eines Tages, als sie wieder Plätzchen backte, flüsterte mein Bruder Joscha: »Hast du auch so Lust auf Teig?«
Natürlich hatte ich Lust auf Teig! »Aber Mamutschka gibt uns doch keinen«, sagte ich.
»Pah!« sagte er verächtlich. »Glaubst du vielleicht, ich frage sie vorher?« Er hielt seinen Mund ganz dicht an mein Ohr und zischelte:

»Du gehst an die Haustür und klingelst. Dann kommt Mamutschka, um nachzusehen, wer da ist. Und ich laufe inzwischen in die Küche und klaue uns was. Na? Machst du mit?« Und ob ich mitmachte! Für Plätzchenteig würde ich alles machen. Also schlich ich zur Haustür, öffnete sie vorsichtig und drückte zweimal auf die Klingel. Danach schob ich die Tür leise wieder zu und versteckte mich schnell unter der Treppe. Und wirklich – schon kam Mamutschka angelaufen. Doch als sie die Tür öffnete, stand niemand draußen. Natürlich nicht.

»Hallo?« rief sie in den Garten hinein und guckte sogar um die Hausecke. »Ist da jemand?« Und als ihr niemand antwortete, schloß sie kopfschüttelnd die Tür und verschwand wieder in der Küche.

Das hat ja toll geklappt, dachte ich und schlüpfte aus meinem Versteck.

Mein Bruder Joscha dachte wohl auch: Das hat ja toll geklappt! Er saß im Kinderzimmer gemütlich auf der Schaukel und schmatzte mir unverschämt grinsend entgegen.

»Und wo ist mein Teig?« fragte ich empört.
Darauf schmatzte er noch lauter und grinste noch unverschämter und sagte: »Lutsch – rutsch – futsch!« und haute sich dabei auf den Bauch.
Dieser Lump! Er hatte ihn also ganz allein in sich hineingefuttert, den schönen Teig! Bestimmt war es ein dicker Klumpen, denn wenn mein Bruder Joscha klaut, dann klaut er viel!
Ich habe den ganzen Nachmittag die Daumen gedrückt und gewünscht: Der Joscha soll schrecklich Bauchweh kriegen! Aber es hat leider nichts genutzt. Er hat stundenlang mit seinem Freund Moritz Fußball gespielt und sich quietschfidel gefühlt.

Die Geschichte von Hugos Hütte

Ich hätte so schrecklich gern einen Hund. Am liebsten so einen wie den großen Hugo von Bauer Spennes. Ein Rassehund ist Hugo zwar nicht, das sagt Bauer Spennes auch. »In dem schlummern mindestens zwanzig Sorten!« meint er. Und das sieht man auch. Denn irgendwie ist Hugos Kopf zu dick, und die Beine sind zu lang. Und Stehohren würden auch besser zu ihm passen als die zotteligen Schlappohren. Aber das ist ja alles nur äußerlich. Innerlich ist Hugo der schönste Hund, den ich kenne.
»Auf unseren Hugo ist Verlaß!« sagt Bauer Spennes außerdem. Darum darf ich auch ganz allein mit ihm spazierengehen, ohne Leine. Oder im Hof spielen.
Am liebsten spielen Hugo und ich »Wilder Wolf und Indianer«. Wenn Bauer Spennes das sieht, ruft er jedesmal: »Lena, Lena!« – das ist seine Magd – »Versteck die Schokolade und die Koteletts! Schnell! Der gefährliche Indianer und sein

wilder Wolf stürmen unseren Hof!« Schön ist das!
Früher hat mein Bruder Joscha oft mitgespielt. Aber in letzter Zeit rennt er mittendrin manchmal weg, weil er sauer ist, daß Hugo immer dahin läuft, wo ich hinlaufe. Er hat es schon mit Plätzchen und mit Wurst versucht. Hugo frißt die Plätzchen und die Wurst zwar auch. Aber danach dreht er sich um und rennt wieder zu mir.
Neulich fraß er die Wurst aber doch nicht. Vielleicht roch sie ihm zu salzig oder sonstwas. Ich dachte: Au weia – jetzt kriegt der Joscha bestimmt einen Wutanfall! Aber er hat die Wurst mit dem Absatz seines Turnschuhs nur gelassen in den Hühnerstall gekickt und ist pfeifend zum Hof hinausgeschlendert.
Als er weg war, haben Hugo und ich noch eine Weile Stierkampf gespielt, aber dann mußte ich auch gehen, weil ich für drei Uhr mit Paputschka bei Dr. Fink, unserem Zahnarzt, verabredet war.
Diesmal ging das allerdings sehr schnell. »Alles

picobello!« sagte Dr. Fink. »Man merkt, daß du keine Bonbons mehr lutschst.«
Paputschka, der sich in Dr. Finks Schreibtischsessel breitgemacht hatte, mußte natürlich wieder einmal dazwischenreden. »Sie glauben doch nicht im Ernst, daß die keine Bonbons mehr lutscht, oder?«
Daraufhin zwinkerte Dr. Fink mir zu, drehte sich zu ihm herum und sagte:
»Ja richtig, Sie sind ja auch noch da! Wie sieht es denn eigentlich mit Ihren Beißerchen aus? Hätten Sie nicht schon längst wieder zur Behandlung kommen müssen, wie?« Danach beschloß ich, unseren Zahnarzt in die Liste meiner Lieblingserwachsenen aufzunehmen.
Paputschka murmelte etwas von: »...demnächst... ja, ja... ist gut...« und hatte es auf einmal sehr eilig. Darum waren wir auch um vier schon wieder zu Hause, so daß ich bis zum Abendessen noch etwas zu Bauer Spennes gehen konnte.
Hugo raste mir schon von weitem bellend entgegen und stellte sich an, als ob ich wer weiß wie

lange weggewesen wäre. Und – siehe einer an! – wer dort im Hof auf dem Futtertrog saß: mein Bruder Joscha!
»Hast du etwa allein mit Hugo gespielt?« fragte ich überrascht.
»Klar habe ich allein mit ihm gespielt!« wiederholte er stolz. »Schon die ganze Zeit über, bis jetzt. Und es war super! Er ist dauernd hinter mir hergelaufen! Und vorhin bin ich in seine Hütte gekrochen. Die ist vielleicht gemütlich, sage ich dir. Wenn du da drinhockst, denkst du, du bist in einer Höhle!«
»Und du denkst, ich glaube dir das, ja?« sagte ich. »Daß der Hugo dir seelenruhig erlaubt hat, dich in seine Hütte zu zwängen, ja?«
»Er hat's mir auch erlaubt!« antwortete er giftig. »Woher sollte ich denn sonst die vielen Hundehaare auf meinem Pulli haben, wie? Guck sie dir doch an!« Er hatte wirklich viele Haare auf seinem Pulli. »Dir erlaubt er das bestimmt nicht!« schrie er plötzlich. »Auch wenn er dich lieber hat als mich! Versuch's doch mal! Los, versuch's doch!«

Jetzt reichte es mir aber. »Nie und nimmer hat er dich in seine Hütte gelassen!« schrie ich zurück. »Der läßt dich ja noch nicht mal in die Scheune, wenn er gerade frißt. Nur mich läßt er rein! Ich darf auf dem Strohballen sitzen und ihm zugukken!«
»Aber an seinen Napf läßt er dich nicht!« brüllte er.
»Ich will ja auch gar nicht an seinen Napf!« brüllte ich zurück. »Es ist ja schließlich sein Napf! Und Bauer Spennes sagt immer: Dem Hugo gehören drei Dinge, sein Napf, sein Knochen und seine Hütte. An die läßt er keinen ran, und wir sollen bloß auch die Finger davon lassen! Sonst würde der gemütliche Hugo nämlich ungemütlich!«
Mein Bruder Joscha guckte von seinem Futtertrog voller Verachtung auf mich hinunter und sagte: »Vielleicht wird er bei feigen kleinen Mädchen ungemütlich, aber sicher nicht bei Männern. Und zum Glück bin ich ja ein Mann!«
Auf mein Wort: Ich kenne wahrhaftig keinen,

der sich so aufplustern kann wie er! Und ich holte auch schon tief Luft, um ihm etwas Passendes entgegenzuschleudern, aber da kam Bauer Spennes aus dem Stall.

»Es soll mich nicht wundern, wenn meine Kühe von eurem Gezänk nachher noch saure Milch geben!« schimpfte er.

»Es ist ja alles nur, weil dieser Prahlhans wieder mal angibt wie eine Tüte voll Wanzen!« erklärte ich wütend.

»Ach ja?« meinte Bauer Spennes erstaunt. »Dabei dachte ich, die Lust zum Angeben wäre ihm für heute vergangen? Er hat dir doch nicht etwa weismachen wollen, er wäre in Hugos Hütte gewesen, oder?«

»Doch«, sagte ich, »aber ich glaub's ihm nicht! Der Hugo läßt bestimmt keinen in seine Hütte!«

»Genauso ist es«, antwortete Bauer Spennes. »Aber dein schlauer Bruder dachte, er könnte es trotzdem versuchen. Lieb Kind hat er sich bei ihm machen wollen. Geschmust hat er mit ihm, umarmt hat er ihn, gestreichelt und gekrault. Trotzdem hat Hugo gebellt und ihm die Zähne

gezeigt! Nur gut, daß ich noch rechtzeitig aus dem Haus kam...!«
Er sah meinen Bruder Joscha scharf an. »Und du wolltest, daß deine Schwester es auch versucht, stimmt's? Damit der Hund böse wird, nicht? Und nur, weil du nicht vertragen kannst, daß er sie lieber hat als dich! Aber weißt du auch, warum das so ist? Weil sie ihn auch liebt, das spürt er nämlich.«
»Pah...!« murmelte mein Bruder Joscha und spuckte seitlich über die Schulter in den Trog. Dieses »Pah« und daß er einfach in den Trog spuckte, ärgerte Bauer Spennes. Das sah ich ihm an. Er kniff die Augen zusammen und kramte in der Hosentasche schweigend nach seiner Pfeife. Mein Bruder Joscha bohrte inzwischen in der Nase, und ich kitzelte Hugo mit seiner struppigen Schwanzspitze unter den Vorderbeinen.
Nachdem Bauer Spennes seine Pfeife gefunden und angezündet hatte, sagte er auf einmal: »Mich wundert ja nur, daß es dich nicht schon längst überall beißt und juckt. Der Hugo steckt nämlich seit gestern voller Flöhe.«

Mein Bruder Joscha machte ein wunderbar dummes Gesicht. »Er hat Flöhe...?« stotterte er.
»Massenhaft!« sagte Bauer Spennes trocken. Und wahrhaftig, gerade kratzte Hugo sich genüßlich hinter dem Ohr. Und da fing mein Bruder Joscha plötzlich auch an, sich zu kratzen: an den Beinen, auf dem Bauch, an den Armen. Überall.
»Vergiß den Kopf nicht«, meinte Bauer Spennes. »Auf den Kopf gehen sie am liebsten.« Da kratzte mein Bruder sich auch auf dem Kopf. Dann sprang er vom Trog herunter, stampfte mit den Füßen und schlug wie wild mit den Armen um sich. »Was soll ich denn jetzt machen?« jammerte er. »Was denn bloß?«
»Das beste Mittel ist Wasser«, meinte Bauer Spennes. »Flöhe hassen Wasser!« Er deutete mit dem Daumen über die Schulter. »Drüben steht die Regentonne...«
»Ja und?« rief mein Bruder Joscha weinerlich. »Soll ich da etwa reinspringen? Mit all meinen Sachen?«
»Nein, die mußt du schon ausziehen«, antwor-

tete Bauer Spennes mitleidslos. »In den Sachen würden die Flöhe nämlich sitzen bleiben, und dann hättest du sie nachher genauso wie jetzt.« Da riß mein Bruder Joscha sich in Windeseile die Kleider vom Leib, warf sie weit weg und hüpfte tatsächlich splitternackt in die Tonne.
»Vergiß den Kopf nicht!« rief Bauer Spennes, und darauf tauchte Joscha auch mit dem Kopf unter.
Als er wieder auftauchte, bibbernd und zähneklappernd, dachte ich daran, wie großartig er vorher noch angegeben hatte und sagte: »Wie ein Mann benimmst du dich im Augenblick aber nicht!«
Hugo, der offenbar glaubte, wir hätten ein neues Spiel erfunden, sprang andauernd an der Tonne hoch und bellte wie verrückt.
»Paß auf, daß nicht wieder ein neuer Floh überspringt!« rief Bauer Spennes lachend, und das gab meinem Bruder Joscha den Rest. Er sprang mit einem Satz aus dem Wasser und rannte Hals über Kopf davon – mit gar nichts an!
Nun wollte ich das mit den Flöhen aber genau

wissen! Ich packte Hugo am Nacken und untersuchte sein Fell. Aber Hugo warf sich knurrend auf den Rücken und strampelte albern mit den Vorderbeinen. »Halt still!« sagte ich streng und suchte jetzt auf seinem Bauch. Aber er packte meine Hand mit den Zähnen und trat mit den Hinterbeinen gegen meine Brust.
»Wirst du wohl mit dem Unsinn aufhören!« schimpfte ich. »Ich will jetzt nicht spielen! Ich will deine Flöhe finden!«
Da griff Bauer Spennes von hinten unter meine Arme und zog mich hoch. »Der Hund hat keine Flöhe, Kati«, sagte er kopfschüttelnd. »Das mußt du doch am besten wissen. Du hast ihn doch heute morgen noch gebürstet. Und selbst wenn er welche hätte, würden die auch lieber bei ihm bleiben, als auf Menschen überzuhüpfen. Hunde schmecken Flöhen nämlich viel besser!«
»Ach so...«, sagte ich, und ich glaube, ich habe dabei auch ein ziemlich dummes Gesicht gemacht.
Bauer Spennes legte mir die Hand auf die Schul-

ter und meinte: »Du mußt in deinem kleinen Hitzkopf nicht immer alles glauben, was dir einer sagt, Kati. Du mußt lernen, etwas mehr nachzudenken!« Er tippte mir mit dem Finger vor die Stirn. »Dort oben, Kati, dort mußt du nachdenken, besonders, wenn dein großer Bruder dir etwas erzählt. Verstehst du?«
Natürlich verstand ich. Ich hatte es mir doch schon tausendmal selbst gesagt! Trotzdem antwortete ich eigensinnig: »Aber ich habe ja gar nicht geglaubt, daß er in Hugos Hütte gekrochen ist!«
»Bist du dir da so sicher...?« fragte Bauer Spennes.

Die Geschichte vom roten Puppenwagen

Von allen Festen, die es gibt, finde ich Weihnachten am schönsten. Nur letztes Mal nicht, oder beinahe nicht. Da hatte mein Bruder Joscha mir nämlich die ganze schöne Vorfreude und um ein Haar auch noch das Fest verdorben. Und das kam so:
Einen Tag vor Heiligabend sperrt Mamutschka immer unser Wohnzimmer ab. Sie sagt, der Weihnachtsmann könnte es nicht leiden, wenn die Leute ihm dauernd vor den Füßen herumlaufen. So würde er mit dem Geschenkeaufstellen ja nie fertig. Außerdem sollte natürlich auch niemand vorher sehen, was er bekommt. Unsere Mamutschka glaubt nämlich noch an den Weihnachtsmann. Jedenfalls sitzen wir einen Tag vor Weihnachten und am Weihnachtstag selbst immer in der Küche. Das ist sehr gemütlich. Nachmittags um fünf steckt Paputschka die alte Petroleumlampe an. Mamutschka kocht Tee und

schmiert Rosinenbrote. Und wenn wir dann alle am Tisch sitzen, erzählen wir uns Geschichten. Ich erzähle immer am meisten, weil ich zu Weihnachten auch immer am aufgeregtesten bin. Denn wenn man viel erzählt, vergißt man die Aufregung für eine Weile.
Diesmal kam mein Bruder Joscha am Weihnachtstag mittags in mein Zimmer und sagte: »Ich weiß auch, was du bekommst!«
Ich glaubte ihm kein Wort. Der wollte sich doch bloß wieder wichtig machen. »Nie im Leben weißt du das!« sagte ich.
»Weiß ich doch!« behauptete er. »Weil ich nämlich durchs Schlüsselloch geguckt habe, darum!«
Ob das stimmte? Ich zog meine gelbe Rennkatze auf und ließ sie über den Tisch laufen, einmal hin und wieder zurück.
»Willst du es nicht wissen?« fragte er. »Bist du denn gar nicht neugierig?«
Ich schraubte meiner Rennkatze den Kopf ab und bohrte meinen kleinen Finger in ihren Bauch. Natürlich war ich neugierig, und wie!

Aber wenn ich wußte, was ich bekommen würde, konnte ich doch nicht mehr gespannt sein. Ich bin aber so gern gespannt!

»Hau ab!« sagte ich. »Es ist mir schnurzegal!«

»Du würdest es auch nie erraten«, meinte mein Bruder Joscha spöttisch.

Das ärgerte mich nun wieder gewaltig, daß er das sagte. Und mit dem Ärger wurde ich noch neugieriger als vorher.

»Außerdem kann man durchs Schlüsselloch überhaupt nichts sehen!« rief ich erbost.

»Nein, jetzt nicht mehr«, antwortete er grinsend. »Aber vorher konnte man es!«

»Lüg doch nicht!« schrie ich ihn an. »Wenn man es vorher konnte, kann man es auch jetzt!«

»Kann man nicht!« rief er triumphierend.

Ich knallte meine Rennkatze auf den Fußboden und lief auf den Flur. Und dann schlich ich zur Wohnzimmertür und stellte mich auf die Zehenspitzen. Wahrhaftig: im Schlüsselloch klebte ein dicker, rosa Kaugummi!

»Ferkel!« zischelte ich wütend. Trotzdem – es stimmte also. Er hatte tatsächlich hindurchge-

guckt und dann seinen ekligen Kaugummi hineingequetscht, damit ich nichts mehr sehen konnte. Aber jetzt wollte ich es wissen, unbedingt! Jetzt war es mir egal, ob ich noch gespannt sein konnte oder nicht. »Verrate mir sofort, was du gesehen hast!« sagte ich drohend. »Sonst gehe ich zu Mamutschka...!«
Mein Bruder Joscha sah mich komisch an. »Du willst petzen, Kati?« fragte er leise. »Ich habe eine Schwester, die neuerdings petzt?«
Nein, ich wollte nicht petzen. Wir zankten uns zwar oft, aber gepetzt hatten wir noch nie.
»Ich will ja nur wissen, was du gesehen hast«, sagte ich kleinlaut.
Er drehte sich um und ging langsam zurück in mein Zimmer. Dort hob er meine gelbe Rennkatze auf und schraubte ihr schweigend den Kopf wieder an.
»Bitte, Joschi...«, bettelte ich.
Da warf er die Katze auf mein Bett und rief: »Ich habe einen großen, roten Puppenwagen gesehen! Mit Verdeck! So, jetzt weißt du es!« Und dann rannte er einfach weg.

Einen Puppenwagen! Das war ja nicht zu fassen! Wie oft hatte ich nicht schon gesagt, daß ich genug hatte von dem ganzen Puppentheater! Genug vom Anziehen, Ausziehen, Wickeln und Füttern. Genug davon, Puppenmutter zu spielen! Allmählich mußte das doch jeder wissen! Und jetzt bekam ich einen großen, roten Puppenwagen! Mit Verdeck! Das ganze Weihnachtsfest war mir verdorben!
Als wir nachmittags wie üblich in der Küche saßen, fragte Paputschka: »Fühlst du dich nicht wohl, Kati?«
»Doch!« sagte ich verbittert.
»Und warum ißt du dann kein Rosinenbrot?«
»Weil ich keinen Hunger habe!«
»Und was ist mir dir, Joscha?« fragte Mamutschka.
»Ich habe auch keinen Hunger«, sagte er, und das wunderte mich. Weil er sonst nämlich immer Hunger hat, sogar wenn er krank ist. Und erzählt hat er auch nichts. Er planschte mit seinem Löffel nur wortlos in seiner Teetasse herum, obwohl dem doch keiner das Fest ver-

dorben hatte. Der bekam todsicher ein schönes Geschenk!
Die einzigen, die an diesem Weihnachtsnachmittag fröhlich und ununterbrochen schwatzten, waren Mamutschka und Paputschka. Bis Mamutschka schließlich meinte: »Es wird Zeit, daß wir uns alle umziehen, gleich ist Bescherung!«
Ich sollte meine blaue Samthose anziehen, sagte sie. Ich dachte, wozu ich die bloß anziehen sollte, wo ich doch so unglücklich war und mich kein bißchen freute! Wahrscheinlich würde ich bei der Bescherung sogar heulen. Und das in meiner schönen blauen Samthose! Ich zog sie aber trotzdem an. Es war ja auch egal, in was ich heulte.
Aber dann mußte ich überhaupt nicht heulen. Denn als Mamutschka mich als erste ins Weihnachtszimmer schob, sah ich sofort den riesengroßen, gelben Kaufladen neben dem Tannenbaum. Der Kaufladen war noch größer als ich. Er hatte eine richtige Theke und eine Waage. Und eine Kasse mit Geld. Und Tüten. Und unglaub-

liche viele Schubladen mit Mehl und Zucker, Reis und Gries und Rosinen und Erbsen und noch viel, viel mehr!
»Oh...«, konnte ich nur flüstern, denn mein Hals war plötzlich ganz eng vor lauter Glück.
Mamutschka und Paputschka umarmten mich und sagten: »Fröhliche Weihnachten, Kati!«
Ich hielt sie beide ganz fest. So lange, bis mein Hals wieder weit war. Und als ich sie danach wieder losließ, fühlte ich eine Hand auf meiner Schulter.
»Ich wünsche dir auch fröhliche Weihnachten, Kati«, sagte mein Bruder Joscha schüchtern, was bei ihm wahrhaftig selten vorkommt. »Ist er nicht prima, dein Kaufladen? Freust du dich?«
Ich drehte mich zu ihm herum – ganz langsam. Und dann holte ich blitzschnell aus und verpaßte ihm eine saftige Ohrfeige.
»Aber Kati!!!« riefen Mamutschka und Paputschka entsetzt. »Wie kannst du nur! Am Heiligen Abend!«
»Ich kann!« sagte ich vergnügt. »Und wenn der

Joscha die Ohrfeige nicht verdient hätte, würde er doch zurückhauen, oder?«
Er haute aber nicht zurück. Er hielt sich nur die Backe und machte ein Gesicht wie ein Huhn, das ein Ei legt.
Es war ein wunderschönes Weihnachtsfest! Wir aßen Plätzchen, hörten die Weihnachtsgeschichte und sangen Lieder. Und später haben mein Bruder Joscha und ich stundenlang Einkaufen gespielt. Einmal habe ich ihn sogar an die Kasse gelassen. Weil doch Heiligabend war...

Die Geschichte vom Schneehäufchenschubsen

Endlich hatte es wieder mal tüchtig geschneit, und am blitzblauen Himmel war kein Wölkchen zu sehen. Trotzdem fing der Tag schon ärgerlich an, nämlich damit, daß Mamutschka meine grüne Lieblingshose in den Sack mit den Stoffresten für die Pfadfinder gestopft hatte. Die sammelten so was, meinte sie. »Aber nicht meine grüne Hose!« sagte ich empört. »Wieso willst du die überhaupt wegschmeißen?«
»Weil das Hinterteil völlig durchgewetzt ist, darum!« antwortete sie. »Über kurz oder lang macht es ratsch! Und dann stehst du hinten nackig da. Die bleibt jetzt im Sack, zieh eine andere an.«
»Ich will aber keine andere anziehen!« rief ich entschlossen und bereitete mich schon auf einen Heulanfall vor. Das heißt, ich begann heftig zu schlucken und mit den Augen zu klappern. Das kann ich gut.

»Stell dich doch nicht so an«, sagte mein Bruder Joscha, der sich wie immer in alles einmischen mußte. »Wenn ich du wäre, würde ich nie im Leben in so einem Putzlappen herumlaufen!«
»Du bist aber nicht ich!« fauchte ich. »Und meine Hose ist auch kein Putzlappen! Und wenn du nicht die Klappe hältst, dann kannst du was erleben...!« Ich zog meine Hausschuhe aus, um sie ihm an den Kopf zu werfen, aber er hatte sich schon aus dem Staub gemacht. Feigling! Auch Mamutschka gab den Kampf auf. Sie zerrte meine Hose wieder aus dem Sack, warf sie mir schweigend vor die Füße und ging in ihr Zimmer. Und unterwegs murmelte sie etwas davon, wie schön es doch war, als sie noch unverheiratet und ohne Kinder friedlich in ihrer Studentenbude lebte. Ich dachte nicht weiter über ihr Gemurmel nach, denn solche Bemerkungen rutschen Mamutschka öfter heraus. Jedenfalls zog ich meine grüne Lieblingshose an und war mit meinem Sieg vorläufig zufrieden. Bis mittags hatten wir den Streit um meine Hose alle wieder vergessen. Mamutschka brutzelte

eine große Pfanne Nudeln mit Schinken. Und als mein Bruder Joscha um ein Uhr aus der Schule kam, setzten wir uns an den Tisch. Nun kannte ich das ja schon, daß mein Bruder sein Essen immer so eilig in sich hineinschaufelt, als ob er zehn Tage gehungert hätte. Aber diesmal schlang er seine Nudeln so hastig herunter, als ob er auf der Flucht wäre.
»Du mußt auch mal kauen!« sagte ich, »sonst hast du ja nachher einen Teigkloß im Bauch!«
»Keine Zeit«, nuschelte er mit vollgestopftem Mund.
»Wieso denn nicht?« fragte ich. »Wo willst du denn hin?«
»Zum Moritz«, nuschelte er weiter.
»Und was habt ihr vor?« wollte ich wissen.
»Schneehäufchenschubsen«, antwortete er, nachdem er seine Nudeln heruntergewürgt hatte.
»Schneehäufchenschubsen?« wiederholte ich neugierig. »Wie geht denn das?«
Hach! Jetzt tat es ihm leid, daß er sich verraten hatte! Darum gab er auch keine Antwort. Statt

dessen fing er mächtig an zu husten, so, als ob er sich wer weiß wie verschluckt hätte. Mamutschka schob ihm auch sofort ein Glas Wasser hin, obwohl der sich nie im Leben verschluckt hatte! Da kannte ich meinen Bruder Joscha aber besser. Der wollte nur nicht erklären, was Schneehäufchenschubsen war. Und darum wußte ich, daß es bestimmt etwas war, was man nicht tun durfte. Und da ich Dinge, die man nicht tun darf für mein Leben gern tue, sagte ich: »Ich komme mit euch!«

Mein Bruder Joscha schielte zu Mamutschka rüber, und darum wiederholte ich warnend und fest entschlossen: »Ich komme auf jeden Fall mit!«

»Ja, ja, ist gut«, murmelte er und klatschte sich einen Löffel Himbeerpudding auf den Teller. Natürlich fand er es überhaupt nicht gut, daß ich mitkommen wollte. Er wagte nur nicht nein zu sagen, weil Mamutschka dann wieder alles mögliche gefragt hätte: wieso und warum, und was er überhaupt vorhätte.

»Wann gehst du denn zum Moritz?« fragte ich.

»Jetzt«, antwortete er, »weil wir noch Schularbeiten machen müssen. Um drei Uhr kannst du dann zu Kohlen-Jupp auf den Hof kommen. Sei aber pünktlich!«

»Hat euch der Kohlenhändler denn erlaubt, auf seinem Hof zu spielen?« erkundigte sich Mamutschka mißtrauisch.

»Klar hat er das«, versicherte mein Bruder Joscha. »Mach dir keine Sorgen.« Und dann trat er unter dem Tisch nach meinem Schienbein, grabschte seine Schulmappe und war verschwunden.

Natürlich hatte er mein Bein nicht getroffen. Dafür passe ich viel zu gut auf. Jedenfalls war ich sehr gespannt, was am Nachmittag passieren würde.

Als ich punkt drei Uhr zu Kohlen-Jupp kam, saßen die beiden Jungen oben auf dem großen Kohlenhaufen neben der Straßenmauer. Sie hatten sich ein Brett untergelegt, um keine dreckigen Hosen zu kriegen.

»Komm rauf!« riefen sie leise. »Aber mach keinen Lärm!«

Es ist nicht einfach, so einen Haufen hinaufzuklettern, ohne daß die Kohlen ins Rutschen geraten. Aber für mich war das eine Kleinigkeit.
»Und jetzt?« fragte ich schnaufend, als ich oben ankam.
»Frag' nicht so blöd«, zischelte mein Bruder Joscha. »Siehst du nicht, was vor uns auf der Mauer liegt?«
»Schnee natürlich«, sagte ich.
»Und was siehst du unten, hinter der Mauer?«
»Einen Bürgersteig natürlich.«
»Und wer spaziert auf einem Bürgersteig wohl natürlicherweise entlang?«
Ah...! Jetzt begriff ich! »Wir schubsen den Leuten, die unten vorbeigehen, Schneehäufchen auf den Kopf, oder?«
»Endlich hast du es kapiert!« antwortete er stöhnend.
»Aber die sehen uns doch!« meinte ich.
»Wenn wir hier auf dem Brett sitzen, sehen sie uns nicht!« sagte er. »Wir beugen uns nur ein bißchen vor, um zu zielen. Und danach ziehen wir die Köpfe ein und ducken uns!«

Ich fragte mich wieder einmal, wie mein Bruder Joscha nur immer auf so tolle Ideen kam.

Er rückte noch ein Stück zum Moritz und sagte leise: »Los, setz dich neben mich! Aber paß auf, das Brett ist wacklig! Nicht bewegen, sonst fangen die Kohlen an zu rutschen und verraten uns!«

Ich setzte mich vorsichtig hin und flüsterte: »Wer schubst denn als erster?«

»Von mir aus du«, flüsterte er zurück. »Also, fang schon an!«

Mein Herz klopfte wie wild. Ich reckte den Hals und spähte über den Schneehügel vor mir nach unten auf den Bürgersteig.

Gerade kam ein Mann auf uns zu. Ganz gemütlich kam er da entlangspaziert und pfiff vor sich hin. Ich hielt den Atem an, und als er genau unter mir war, schubste ich schnell ein Schneehäufchen über die Mauer. Aber leider fiel das Häufchen hinter dem Mann auf das Pflaster. Und darum spazierte er gemütlich weiter und pfiff auch weiter. Er wußte ja nichts von dem Schneehäufchen. Die fallen ja ganz leise.

»Du mußt schon kurz vorher schubsen«, flüsterte mein Bruder Joscha. »Kurz bevor er unter dir ist. Dann macht er noch einen Schritt, und der Schnee fällt ihm genau auf den Kopf. Warte, ich zeig's dir...«
Diesmal kamen eine Frau und ein Mann vorbei. Die Frau ging an der Mauerseite. Kurz bevor sie unter meinem Bruder war, schnellte seine Hand nach vorn, und schon rief die Frau: »Igittigitt! Gerade war ich beim Frisör! Das ist doch wirklich ärgerlich!« Und dabei schüttelte sie sich den Schnee aus den Locken.
»Es muß ein Windstoß gewesen sein«, meinte der Mann nachdenklich. Obwohl weit und breit nicht das leiseste Windchen wehte. Wir sahen uns an und grinsten.
Danach war Moritz an der Reihe. Er zielte auf den Einkaufskorb eines Fahrradfahrers. In dem Korb lagen Kartoffeln, Grünkohl und Zwiebeln. Und als er unter uns vorbei war, auch noch ein Häufchen Schnee! Ich hatte schnell gelernt, und es kam nur noch selten vor, daß ich nicht traf. Es machte unheimlich viel Spaß!

Am lustigsten war, wie unsere Schneeopfer reagierten. Die einen guckten nur kopfschüttelnd zum Himmel. Die anderen drehten sich ärgerlich um und glaubten, es hätte sie jemand von hinten beworfen.
Einer, dem ich ein Häufchen Schnee genau auf seinen Pfeifenkopf geschubst hatte, betrachtete seinen zischenden Tabakkocher so verwundert, als säße da plötzlich ein Frosch.
Doch dann war die Mauer vor uns blankgeschubst. Nur mein Bruder Joscha hatte noch ein letztes Häufchen vor sich liegen.
»Das wird meine Abschiedsvorstellung«, sagte er übermütig. »Paßt gut auf...« Aber er ließ sich Zeit. Er wartete auf ein ganz besonderes Opfer. Bis er sich entschieden hatte:
Ein kleiner, dicker Mann kam auf uns zu. In der rechten Hand hielt er den Rest einer Bratwurst, in der linken einen Pappteller mit einem Berg von Pommes frites und einer zweiten Wurst obendrauf.
Der muß ja einen Hunger haben! dachte ich und bekam schon Mitleid mit dem Dickerchen,

denn ich ahnte natürlich, was mein Bruder Joscha vorhatte. Und so war es auch. Der Mann stopfte sich gerade den Rest seiner ersten Bratwurst in den Mund und wollte schon die zweite in Angriff nehmen – da plumpste von oben ein Schneehäufchen auf seinen Teller, und von der Wurst war nichts mehr zu sehen.
Ich dachte: Au weia, au weia...! Und danach dachte ich: Jetzt ist meinem Bruder Joscha der Verstand erfroren! Denn er beugte sich weit über die Mauer, so daß ihn alle Welt sehen konnte und trällerte: »Das neueste Rezept für Feinschmecker, meine Herrschaften: Bratwurst mit Senf und Pulverschnee! Einfach köstlich!«
Zuerst starrte der Bratwurstmann ihn von unten nur ungläubig an. Aber dann schmiß er seine Schneewurst mitsamt den Pommes frites in den Rinnstein und rannte mit wedelnden Armen los.
Moritz und mein Bruder Joscha lachten und lachten. Bis sie knallrote Köpfe hatten. Und bis das Bratwurstdickerchen auf dem Hof auftauchte und wie ein tollwütiger Schimpanse

den Kohlenhaufen hinaufkraxelte. Da sprangen beide auf und brüllten: »Alles über Bord! Über Bord!« Und hangelten sich blitzschnell über die Mauer nach unten auf den Bürgersteig.
Ich sprang auch auf, das heißt, ich wollte aufspringen, konnte aber nicht. Ich klebte nämlich fest! Ich klebte mit dem Hintern wahrhaftig auf dem Brett, das mein feiner Bruder Joscha und sein feiner Freund Moritz vorher schön mit Leim beschmiert hatten, und zwar genau die Stelle, auf der ich saß. Ich wußte nicht, ob es das gibt: daß man vor Wut einen Schlaganfall kriegen kann. Aber wenn es das gibt, dachte ich, dann kriege ich bestimmt einen.
Aber erst mußte ich weg, egal wie. Entweder mit dem Brett, an dem ich klebte, oder ohne. Aber mit Brett ging nicht, dafür war es zu schwer. Und ohne ging auch nicht, dafür klebte ich zu fest.
Der tollwütige Schimpanse kam immer höher gekraxelt. Und als er schon beinahe oben war, stemmte ich die Beine in die Kohlen, hielt mich an der Mauer fest und riß mit aller Kraft mein

Hinterteil hoch. Und – ich schaffte es! Ich war frei! Allerdings ohne Hosenboden, denn der klebte weiter auf dem Brett.
Daraufhin fing der Bratwurstmann wie verrückt an zu lachen. Und meine Beine fingen vor Anstrengung und Angst wie verrückt an zu zittern. Ich weiß nicht mehr, wie ich so schnell über die Mauer gekommen bin, ohne mir den Hals zu brechen. Jedenfalls rannte ich davon, als ob mich einer mit der Feuerzange verfolgt hätte. Und hinter mir tönte es johlend und triumphierend: »Die Kati hat auf dem Po eine Klappe, um die Hose zu lüften...!«
Ich rannte und stolperte und rempelte Leute an. Und schließlich schleppte ich mich japsend und vor Scham und Wut bibbernd die Stufen zu unserem Haus hinauf. Und oben drückte ich den Finger so lange auf den Klingelknopf, bis Mamutschka die Tür aufriß und entsetzt rief: »Was ist denn jetzt wieder passiert?« Ich stürzte an ihr vorbei in die Diele und schrie: »Nix ist passiert! Gar nix! Außer, daß ich den Joscha beim Jupp in den Kohlenofen geschmissen

habe. Da brutzelt er jetzt jammernd vor sich hin!«
Ich riß mir meine grüne Lieblingshose – oder das, was von ihr noch übrig war –, von den Beinen und pfefferte sie durch die Luft. »Und die kannst du jetzt von mir aus in deinen Sack für die Pfadfinder stopfen! Da!« Und danach lief ich auf den Dachboden hinauf. Auf den Dachboden laufe ich nur selten. Nur, wenn ich ganz besonders traurig oder ganz besonders wütend bin. Da oben kann ich nämlich so gut reden. So laut ich will und so lange ich will. Und die Dachbalken und die alten Möbel und die Spinnen flüstern dann immerzu: »Arme Kati, arme Kati...«

Die Geschichte von der tollen Tussi

In letzter Zeit hat mein Bruder Joscha jeden Tag eine neue Freundin. Daran haben wir uns schon gewöhnt, ich auch. Aber neulich hatte er drei Tage hintereinander ein und dieselbe. Da wurde ich mißtrauisch.
»Du willst diese blöde Tussi doch nicht etwa mal heiraten?« fragte ich beim Abendessen.
»Erstens heißt sie nicht Tussi, sondern Susi«, antwortete er herablassend. »Zweitens ist sie nicht blöde, sondern ein ganz tolles Mädchen! Und ob ich sie mal heirate, hängt davon ab, wie sie morgen ihren Test besteht...«
»Was für einen Test?« wollte ich wissen.
»Ich will nur mal sehen, ob sie morgen mein Zimmer aufräumt«, sagte er.
»Warum sollte sie deinen ganzen Krempel aufräumen?« fragte ich verständnislos.
Mein Bruder Joscha tat wieder einmal besonders wichtig, was ich wieder einmal besonders dämlich fand, und verkündete: »Schließlich

sind Frauen doch dazu da, daß sie aufräumen!«
»Ich werd' verrückt!« rief Mamutschka und hätte um ein Haar ihren Mundvoll Gemüse über den Tisch geprustet. Ich rief auch: »Ich werd' verrückt!« – schluckte aber vorher noch schnell meinen Käse runter. Dann fragte ich: »Hast du schon jemals erlebt, daß Mamutschka Paputschkas Zimmer aufräumt, wo immer alles herumliegt wie Kraut und Rüben?«
»Das fehlte noch...«, murmelte Mamutschka und steckte sich eine Möhre zwischen die Zähne.
Mein Bruder Joscha sah eine Weile zu, wie sie genüßlich kaute, dann drehte er sich zu Paputschka herum und sagte weise: »Du hast deine Frau eben falsch erzogen!«
Darüber lachte Paputschka. Ich fand, daß es ziemlich albern klang.
Am nächsten Tag, nachmittags um drei, stand sie auf der Matte, Joschas tolle Tussi: in blanken roten Lackschühchen und rot-weiß getupftem Wippröckchen. In ihrem Pausbackengesicht steckte eine rosa Himmelfahrtsnase, und sie

hatte Augen wie ein Weihnachtskarpfen. Haare besaß sie so gut wie keine, jedenfalls waren die, die man sah, noch kürzer als Streichhölzer.
»Das staunst du, was?« sagte mein Bruder Joscha protzig und bugsierte seine fein aufgetakelte Schnecke an mir vorbei in sein Zimmer. Und ich stand da, ganz allein im Flur.
Ich wollte aber unbedingt wissen, was die beiden da drinnen machten.
Doch als ich die Tür öffnete, blieb mir schlagartig die Sprache weg. Denn mitten auf dem Teppich, in einem Gewühl von Eisenbahnschienen, Bauklötzen, Pappkartons und Legosteinen, hockte die dickmopsige Pausbackentussi und räumte auf! Und mein Bruder Joscha lag wie ein Pascha auf seinem Bett und las ein Mickymausheft. Das war ja nicht zu glauben! Ich schnappte nach Luft und verließ wortlos das Zimmer.
Mamutschka übte gerade Geige, aber darauf konnte ich jetzt keine Rücksicht nehmen.
»Stell dir vor, diese Tussi räumt doch wahrhaftig seinen ganzen Dreck auf!« sagte ich fassungslos.

»Na und?« meinte Mamutschka gleichgültig. »Wenn es ihr Spaß macht, soll sie doch.«
»Nein, soll sie nicht!« rief ich entrüstet.
»Warum denn nicht?« fragte Mamutschka.
»Weil ich nicht will, daß sie da alles anpackt, was dem Joscha gehört, mit ihren dicken Dickmopsfingern!«
Mamutschka klemmte sich wieder die Geige unters Kinn und sagte: »Reg dich doch nicht so auf, Kati. Es ist doch schließlich Joschas Sache und nicht deine.«
Vielleicht hatte sie recht. Ich sollte mich nicht so aufregen, denn es war wirklich nicht meine Sache. Aber leider regte ich mich trotzdem auf. Um vier Uhr schwirrte Joschas Tussi wieder ab. Er schwirrte hinterher, und ich rannte sofort in sein Zimmer. Bah! Wie das jetzt aussah: ekelhaft aufgeräumt und ungemütlich! Das war nicht mehr Joschas Zimmer, das war das Zimmer eines Fremden! Und wenn die aufgetakelte Schnecke glaubte, aus meinem Bruder einfach einen Fremden machen zu dürfen, dann war sie aber gewaltig auf dem Holzweg!

Ich riß Schränke und Schubladen auf und schmiß alles wieder auf den Teppich: die Schienen, die Bauklötze, die Legosteine und all den anderen Krempel. Und zum Schluß pfefferte ich noch ein paar Socken hinterher. Danach holte ich meine Buntstifte und meinen Malblock und setzte mich auf die Terrasse.
Kurze Zeit später hörte ich, wie mein Bruder Joscha die Haustür aufschloß und nach oben in sein Zimmer ging. Plötzlich hatte ich Herzklopfen. Aber schließlich war er ja selbst an allem schuld, er und seine Tussi.
Doch als er dann wieder herunterkam, legte er sich nur schweigend in den Liegestuhl und guckte in den Himmel. Er sah seltsam friedlich aus.
Und auf einmal sagte er verträumt: »Die Susi ist wirklich ein tolles Mädchen! Aber am tollsten finde ich ihre Haare. Keine hat so eine moderne Frisur wie sie. Wie ein rassiges Rennpferdchen sieht sie damit aus!«
Das war ja wohl zum Lachen! »Frisur nennst du das, was die da oben auf ihrem Kugelkopf hat?«

sagte ich verächtlich. »Ich nenne das Stoppelfeld! Und wie ein Rennpferdchen sieht sie auch nicht aus, allerhöchstens wie eine vollgefressenes Shetlandpony!«
Mein Bruder Joscha sah mich abschätzend an und meinte mitleidig: »Und wie siehst du aus? Doch noch nicht einmal wie ein Mädchen, ein hübsches schon gar nicht! Wo du andauernd Hosen trägst und auf Bäumen herumturnst und Fußball spielst! Und dazu noch diese zotteligen, langen Haare! Das ist doch nicht modern, aber du hast ja auch keine Ahnung...« Und danach stand er gemächlich auf und stieg über den Zaun zu seinem Freund Moritz in den Garten.
Er meinte es also ernst mit seiner Susi. Er meinte es so ernst, daß es ihm völlig egal war, was ich da oben bei ihm angerichtet hatte. Kein Wort darüber. Nichts. Nur dieser verträumte Blick...
Auf einmal tat mir etwas weh. Es saß irgendwo im Bauch oder in der Brust. Auf jeden Fall tat es weh.
Ich ging in mein Zimmer hinauf und guckte in den Spiegel. Ich hatte noch nie darüber nachge-

dacht, ob ich hübsch aussah oder nicht. Aber je länger ich mich jetzt betrachtete, desto hübscher fand ich mich. Viel hübscher als diese Susi jedenfalls, mit ihrer Himmelfahrtsnase und ihren Karpfenaugen. Aber – ich hatte lange Haare, und sie hatte kurze! Und das war modern! Und mit diesen kurzen, abgesäbelten Haaren wollte sie meinen Bruder Joscha von mir weglocken. Denkste!
Ich schnappte mir die Schere und schnitt mir die Haare ab, alle. So lange, bis es nichts mehr zu schneiden gab. Und dann stülpte ich mir die Rodelmütze über den Kopf, zog meinen grünen Cordrock an und die gelbe Bluse. Ich hasse beides, aber wenn ich damit wie ein Mädchen aussah, bitte!
Als Mamutschka mich zum Abendessen auf die Terrasse rief, saßen schon alle am Tisch.
»Du hast dich ja heute abend so feingemacht, Kati«, meinte Paputschka staunend. »Aber warum hast du die Mütze auf?«
Jetzt war mein großer Augenblick gekommen. »Darum!« rief ich triumphierend, riß sie mir

vom Kopf und schmetterte meinem Bruder Joscha ins Gesicht: »Wer sieht denn jetzt wie ein rassiges Rennpferdchen aus, na? Wer wohl?«
»Du jedenfalls nicht!« antwortete er spöttisch. »Du siehst wie ein gerupftes Huhn aus!«
»Das ist nicht wahr!« schrie ich zornig. »Ich sehe zehnmal besser aus als deine Susi! Und ich habe noch zehnmal kürzere Haare als sie!«
»Susi? Susi?« fragte er scheinheilig. »Ach, du meinst wohl die Tussi von heute nachmittag? Ach die!« Er blies verächtlich durch die Nase. »Der Moritz sagt, die hätte vor zwei Wochen Läuse gehabt. Darum hätte ihre Mutter ihr den Kopf so kahlgeschoren. Wenn eine den Kopf so kahlgeschoren hat, sagt der Moritz, wüßte jeder sofort, daß sie Läuse hatte!«
Einmal hat Paputschka erzählt, ihn hätte eine kalte Wut gepackt. Ich weiß nicht mehr wieso und warum. Jedenfalls wäre eine kalte Wut die schlimmste, die einen packen könnte, hat er gesagt.
Auch mich packte jetzt eine kalte Wut: auf diesen gemeinen, heimtückischen Gauner, der aus-

gerechnet mein Bruder war! Und darum mußte ich tun, was ich auch eiskalt tat: Ich nahm das Glas mit den eingelegten Gurken und schüttete es ihm in aller Ruhe über den Kopf, mit all dem Essig, den Senfkörnern und den Zwiebeln!
Mamutschka und Paputschka saßen starr vor Schreck auf ihren Stühlen und sahen mich ungläubig an. Mein Bruder Joscha schrie: »Ih, ih, ih...!« und schüttelte sich die Zwiebeln aus seinen Essiglocken. Ich hätte ihm stundenlang zugucken können! Aber ich wollte lieber nicht warten, bis Mamutschka und Paputschka sich von ihrem Schreck erholt hatten. Ich rannte lieber nach oben in mein Zimmer und schloß die Tür hinter mir ab. Vorsichtshalber.
Bauer Spennes hatte neulich gesagt, ich dürfte in meinem Hitzkopf nicht immer alles glauben, was mir einer sagt. Ich müßte mehr nachdenken. Ja, es wurde höchste Zeit, daß ich endlich damit anfing! Aber ich mußte nicht nur *mehr* nachdenken, ich mußte auch *anders* denken... Ich grübelte lange darüber nach, *wie* anders ich denken mußte. Bis ich es wußte.

Ich beugte mich aus dem Fenster und sah nach unten auf meine schweigsam vor sich hin schmatzende Familie. Und dann rief ich auf den Essiggurkenkopf meines Bruders hinunter: »Ab jetzt kannst du mich nicht mehr reinlegen! Ab jetzt denke ich nämlich vorher nach! Und von mir aus kannst du ab heute so viele Tussis haben, wie du willst! Und von mir aus können sie alle aussehen, wie sie wollen! Ich ändere mich jedenfalls wegen keiner mehr! Denn ich bin die Kati, und die will ich auch bleiben! Und zu der Kati gehört alles, was jetzt an mir dran ist! Auch die langen Haare, die ich bald wieder habe! Und auch, daß ich Hosen trage und auf Bäumen herumturne und Fußball spiele! Und wenn du mich nicht mehr liebhast, so wie ich bin, dann ist mir das schnurzpiepegal!«

So! Danach war mir wohler. Pudelwohl war mir! Ich stopfte den albernen grünen Cordrock und die gelbe Bluse in den Schrank und zog mir meinen Trainingsanzug über. Und dann kuschelte ich mich in meinen Schaukelstuhl und sah mir mein Lieblingsbilderbuch an. Dreimal

hintereinander. Und jedesmal fand ich es schöner. Aber schließlich mußte ich mal raus.
Als ich leise die Tür öffnete, lag draußen eine große Tafel Marzipanschokolade. Und mitten auf der Tafel klebte ein rotes Abziehherz...

Was ich zum Schluß noch erklären muß...

Allmählich wird wohl jeder verstehen, was ich mit meinem Bruder Joscha durchgemacht habe! Denn diese Geschichten sind alle wahr, und ich habe fast nie übertrieben. Aber jetzt erzähle ich keine mehr, obwohl der Sack noch lange nicht voll ist.

Neuerdings ist nämlich alles ganz anders geworden. Fast so wie früher, nur noch schöner. Denn seit der Sache mit der tollen Tussi hat er mich nie mehr reingelegt. Das soll er auch ruhig bleibenlassen, jetzt, wo ich immer so tüchtig nachdenke und nicht mehr alles glaube, was mir einer sagt.

Jetzt legen wir beide andere rein. Wir zwei, mein Bruder Joscha und ich.

Und außerdem habe ich meine Meinung wieder geändert. Na und? Man wird ja wohl einmal zweimal seine Meinung ändern dürfen, oder?

Genau gesagt war es letzte Nacht, bei dem

schweren Gewitter. Ich mag Gewitter gern, besonders wenn es dunkel ist. Dann setze ich mich ans Fenster und guck mir die Blitze an.
Mein Bruder Joscha mag Gewitter überhaupt nicht. Der kriegt die blanke Angst, wenn es so donnert und blitzt. Und weil ich das weiß, bin ich letzte Nacht aufgestanden und zu ihm gegangen. Und als ich ihn unter einem Berg von Decken und Kissen ausgebuddelt hatte, lag er zusammengekringelt am Fußende und zitterte vor sich hin.
»Hab' keine Angst, Joschi! Ich bin's, Kati«, hab' ich gesagt. »Sollen wir löffelchenliegen, ja?« Da hat er »Kati, Kati...« gebrabbelt, ist wie ein Wiesel nach oben gerutscht und hat den Rücken krumm gemacht. Und ich hab' mich mit dem Bauch ganz eng hinter ihn gelegt und ihn festgehalten.
Draußen hat es andauernd gekracht und geblitzt. Und ich hab' andauernd geredet und geredet: von Maulwürfen, Hampelmännern, Bankräubern, Luftpiraten und aus Versehen auch vom Osterhasen. Und ich wollte gerade noch

mal von vorn anfangen, weil mir nichts anderes mehr einfiel – da war er eingeschlafen, mein großer Bruder. Ganz still und schlaff lag er da in meinen Armen und schnaufte friedlich durch die Nase. Und ich klebte hinter ihm an seinem Rücken und schwitzte wie ein Affe.
Und weil ich jetzt nicht mehr reden mußte, fing ich an zu denken. Sehr lange. Und dabei habe ich dann meine Meinung geändert: Wahrscheinlich werde ich meinen Bruder Joscha später doch heiraten! Wer sollte denn sonst mit ihm löffelchenliegen, wenn es nachts so gewittert und er sich fürchtet? Irgend so eine Tussi vielleicht...?